AF549657

Sein Name ist Momsen, Werner Momsen und er ist eine Puppe. Aber weil er so menschlich ist, wissen das viele gar nicht oder verdrängen es nach kurzer Zeit wieder. Er ist gerne Puppe. Fremdbestimmt zwar, aber dennoch viel freier als sein schwarzer Begleiter, der immer hinten drin steckt, wenn er unterwegs ist. Er sieht durch seine Momsen Brille Sachen, die nur ein Momsen sehen kann und kann Dinge tun und sagen, die nur er so sagen und tun darf. Mit Vitalität und Beweglichkeit nimmt er es mit den meisten menschlichen Zeitgenossen locker auf und scheut auch vor sportlichen Aktivitäten wie Tanzen, Laufen und Schwimmen nicht zurück. So hat er bereits mehrfach das Sportabzeichen in Gold abgelegt und hält seit 2016 den Weltrekord im schnellsten Marathon mit Handpuppe.

Werner Momsen spricht fließend Norddeutsch und Niederdeutsch. Norddeutsch sogar so gut, dass es auch Süddeutsche verstehen. „Wo Momsen ist, ist Norden" sagt man, deswegen ist er als Nativ-Speaker seit 2018 offizieller Botschafter „des niederdeutschen Theaters als nationales immaterielles Kulturerbe der UNESCO" und seit 2015 Autor der Reihe „Hör mal'n beten to" in der er regelmäßig im norddeutschen Radio zu hören ist.

„Minsch blieven" ist das zweite Buch mit plattdeutschen Kurzgeschichten, das im Quickborn-Verlag erschienen ist.

Wenn Werner nicht schreibt oder am Radio-Hörer sitzt, tourt er mit seinem Hinterman durch die Kleinkunstbühnen der Republik und bringt Menschen zum Lachen.

Hummel, Hummel!

Werner Momsen

Minsch blieven...

Quickborn-Verlag

Die plattdeutsche Schreibwese des Autors
ist unverändert übernommen worden.

ISBN 978-3-87651-472-7

Umschlagfoto: Peter Eichelmann
Umschlaggestaltung: Günter Pump, Nordhastedt
Gesamtherstellung: CPI books GmbH, Leck
Der Umwelt zuliebe
auf chlorfrei gebleichtem Papier gedruckt
Printed in Germany

Inhalt

Werner Momsen • Minsch blieven...

För miene Mudder. Danke!

Minsch blieven...

Nu hest du't inne Hand mien twetet Körtgeschichten-Book. Is 't een Geschenk oder hest dat sülms köfft? Oder büst´ noch an överleggen? Ik wörr dat nehm, düt Book, aver ik will di dat nich opschnacken. Ik weet jo nich, wat du so magst un ik geef to, dat is jo ok 'n beten komisch, wenn een Popp di upfordern deit, Minsch to blieven. Aver dat is mi wichtig, wiel mi natürlich ok upfallen deit, dat de Minsch sik jümmers swoorer dormit deit, Minsch to blieven un sik anstatt doröver to freien, dat he een is, sik jümmers argert. Un dat sik de Minschen dat Leven gegensietig swoor mookt obschoonst dat meist gor nich nödig deit.

So, un worüm schall di dat een Popp vertellen? Wiel ik dor vun buten up kieken do. Also nich von'n Himmel ut, nich as Gott, üm Gottes Willen, dat mi dor keeneen falsch versteiht, nee, mit Afstand. Un mit Afstand hebbt sülms Dramen faken noch wat lustiget. Un dorna bün ik jümmers an söken. Na de lustigen Saken, de dat Leven as Minsch so mit sik bringen deit un wat ji in Alldag dor ut mookt. Dat sünd miene Themen för de Bühn, för Hör mal'n beten to un för düt Book.

Ik will'n beten hölpen Minsch to blieven un wiesen, wo lustig dat is, een Minsch to ween.

Veel Spaaß bi 'n Lesen!

De Minsch un dat Leven

Geburt

Dat Leven as Minsch is keene lichte Saak un föhlt sik von Dag to Dag schworer an. Dat liggt dor an, wiel dat jümmers nee Möglichkeiten gifft un man sik överleggen mutt, ob man de annehmen deit oder dat na lett. Kann man sik dat leisten, Möglichkeiten ut to laten, hört man denn noch dorto oder ward man denn afhungen? Dat is in den Momang, wo man sik entscheiden mutt, nich licht!
Dat geiht jo al los, wenn ji noch bi Muddern in'n Buuk sünd. Dor hebbt sik Samen und Ei mol jüst kennenleert, denn kickt all poor Daag een no'n Rechten und sorgt för Unroh in den Mudder sien Lief. Wenn de Froonarzt oder Ärztin düsse Degum 1-4 hebbt, also de Befähigung to Ultraschallünnersökungen, denn wüllt de de ok insetten un knippst een Bild na dat neegste. Du hest dat Geföhl, dat de al vör

de Geburt dat erste Album vull hebben mööt. Se seggt natürlich jümmers to Muddern un Vaddern, dat se de Ünnersökung un de Fotos nich all moken mööt, aver wenn se Nummer seker gahn wüllt, denn dään se dat empfehlen... Un denn mookt se dat ok un laat sik von den Doktor anstacheln un wedelt ständig mit düsse Billers. Jedeen wiest se de. Aver sünd wi doch mol ehrlich, dor kannst du doch nix up kennen. De seht doch ut, as harr de `n Marssonde mookt. In de erste Maand künnt de ok Fotos ut'n Darm moken, dat dä narms marken.

Un irgendwann kummt denn de Froog up, wo dat Kind komen schall. Up'n Bett? In'ne Wann? In'ne Tünn? To Huus, in'n Taxi oder villicht doch in'n Krankenhuus? De Krankenhüser buhlt intwüschen richtig üm de Froons. Bi us in Barmbek rennt af un an sogor een Storch up'n Pattweg un mookt Werbung vör de Klinik. Wenn du in Hamborg wahnst, kannst du froh sien, dat so'ne Schwangerschaft negen Maand duert. Anners schafft de Öllern dat gor nich no all de Informationsavende to gahn. negen Maand dreept sik dor jümmers de glieken un fraagt jümmers dat Sülvige: „Is de Kreissaal egentlich mit Biofarv streken?“, „Kann`n dat Eten hier ok vegan wählen?“, „Is de Geburt denn eher klassisch oder homeopathisch?“ Dat gifft Kreissaalen mit Karibik-Style, mit Sünnenblomenduft un sogar mit Feng-Shui. Wat mookt se denn bi een Feng-Shui Geburt? Hangt se dor'n Prisma vör denn Ünnerlief, dat dor keene schlechten Schwingungen upkoomt, wenn dat Kind rutkummt? Un fangt de denn nich mehr glieks an to schreen, sünnern mookt vörher noch so`n Gruß an de Sünn, also der erste Yoga-Öbung? So`n Kind to kriegen is von`n Afloop her nich eenfach un schön, dat ward aver nich beter, wenn in'n Achtergrund de Buckelwale jault. Egentlich hett de Natur dat jo allens ganz famos inrichtig un de Körper möss normolerwies weten, wat to don is. Aver de Minschen hebbt verleert up ehrn Körper to hörn, dat mookt allens komplizeerter.

Naams

De Minschwerdung is vör Muddern un Vaddern nich eenfach, wiel se dorbi blots eene Chance hebbt un de normalerwies ok nich vermasseln wüllt. Man will sien Kind jo ok nich glieks von Anfang an de Tokunft versauen. Dorüm mookt sik jo ok so veele een ganz groten Kopp üm den Naam, den ehr Balg kriegen schall. Mit Werner to'n Bispill, is von Daag de eene oder anner Döör al dicht, wenn de lütsche Werner de Welt erkunden deit. Dor is de Wohrschienlichkeit groot, dat de inne Grundschool bi'n Football nich as erste wählt ward. Werner is gänzlich rut ut'n Kreissaal. Kummt de noch mol wöller? De wardende Öllern sünd von Daag wekenlang jede free Minute in`t Internet un rechercheert wo Kinner heten doot, worüm de so heten doot un wo dat wörr, wenn ehr Kind ok so heten dä. Un vör dat Kind dor is, seggt se narms een, wat se sik utsöcht hebbt, wiel se Angst hebbt, dat de mühsam utklamüsterte Kompromiss kaputtschnackt ward. Un wenn dat Gör dor is, se dat up'n Arm hebbt un seggt: „Kiek mol, dat is use

Jason-Tylor!“, troot sik meist keeneen mehr to seggen, dat he den Namen schlimm finnen deit.

Ik meen, dat is aver ok schwor, Naams to finnen, de in junge, aver ok in ole Johrn passt, de dat Geschlecht eendüdig fastleggt, nich jümmers to bookstabeeren sünd un denn ok noch to een Kind passen schall, dat man noch gor nich sehn hett.

Naams löst jo ok Assoziationen ut, manchmal ok keene goden. Wenn Komiker up de Bühn een Naam för een Deern bruukt, de nich dat hellste Taliglicht up de Torte is, denn heet de Chantall oder Cheyenn un nich Marie oder Sophie. Dormit funktioneert de Gag nich. Mike is Fernfohrer un Karl-Theodor hett‘n Schloss, dat is dat wat us Ünnerbewußtsien denken deit. Un wenn een Schoolmester in siene Liste een Maximilian hett, denn denkt he, de kummt ut goden Huus. Bi Kevin denkt he dat aver nich. Un wenn denn Kevin von all behandelt ward, as wörr dat een Kevin, denn benimmt he sik villicht ok so. Risiken un Nevenwirkungen sünd bi de Naamsgevung to bedinken. Ok wenn de Liste von Lieblingsnaams meist över Johre glieks blifft, mööt de Standesämter sik mit ständig nee Namenskreationen uteenannersetten. De schüllt sik dor denn Gedanken üm moken, ob de Naam, de sik Muddern un Vaddern utsöcht hebbt, ok mit dat Wohl von dat Kind tosamen passt. Liekers winkt de Naams dörch as Terpertin, Ultraviolett oder ok Sunil. Dat hebb ik nülichs in eene Geburtsankünnigung in'ne Zeitung leest. Sunil! Wat denkt sik Öllern dorbi? Hett de Bettwäsch bi'n Moken dorna roken? Wenn de Balgen lütt sünd geiht dat jo noch, wenn de Schinaya Taya Maria heet. So heet eene von'ne Geißens. Aver wat mookt de denn, wenn de groot is? Kannst du mit so een Naam noch Bundeskanzlerin warrn? Dat mutt 'n sik doch vörher överleggen. Grundsätzlich sünd jo ole Naams wöller anseggt, aver Werner is nich dorbi. Wat mutt passeern, dat Werner mol wöller in den Kreissaal trüch kummt? Mutt bi eene eventuelle Fortsetzung von Harry Potter de Söhn von Lord Voldemort Werner heeten? Oder een von de Skywalkers? Bi use Football-Nationalmannschaft gifft dat jo een Werner, aver de heet Timo, dat nützt jo nix.

Wichtig is ok, dat Vör- un Nanaam tosamen passt. Werner un Momsen geiht jo ganz goot, aver wenn du mit Nanaam Käse heeten deist, denn draffst du diene Dochter nich Marga nömen...

Kosenaams

To'n Glück is dat bi de Minschen jo so, dat de ok mit abwegige Naams eernswann tofreden sünd. Man hett de denn so faken hört un wennt sik dor an. Komisch is, dat wenn een Keerl, de mit sien Naam tofreden is up eene Fro drepen deit, de ok mit ehrn Naam tofreden is un de sik ineenanner verleven doot, denn duert dat nich lang, denn fangt de an sik nee Naams to geven. Mäuschen, Bärchen, Schatzi oder Pubsi. Pubsi, dor mach ik gor nich weten wo dat herkummt. Oder ok Mäuschen, woso mööt denn jümmers de Derten dorför herholen? De meisten Froons hebbt Angst för Müüs, worüm nöömt se ehre Keerls se denn so? Oder schlimmer noch, Duven. Duven, de gurrt den ganzen Dag un kackt överall hen. Wat wüllt de Minschen sik dormit seggen? Dor mach'n gor nich över nadenken.

Mol ganz ehrlich, wenn Muddern un Vaddern bi düsse Kosenaamen ankomen sünd, denn is doch Ende-Gelände, oder? Denn künnt ok Palmers und Triumpf nix mehr utrichten. Dor kummt keen Spaaß mehr inne Backen. Un wenn´t denn sogoor so wiet geiht, dat beide mit de glieken Windjacken oder Fohrrööd ünnerwegens sünd, denn is ganz ut. Dat geiht bi eenige doch sowiet, dat de genauso utseht as de Hund de neven se hergeiht. Wo kummt dat her, düsse Drang sik gliek to moken inne Partnerschaft? Ik meen, ik söök mi doch keen Partner, de genauso bekloppt is as ik. Dat hebb ik doch, dat bruuk ik doch nich noch mol. Een Keerl verleevt sik nich in eene Fro, wiel se jüst so fuhl to'n Abwaschen is as he. Nee, he verleevt sik in se, wiel se de Spöölmaschien mitbringt. Froons un Keerls passt nich tosamen, dat is nix neet, aver glöövt mi, wenn se sik Pubsi un Muschi nöömt, denn ward dat bestimmt nich lichter...

Naams un Leevsleven

Ik hebb güstern in dat Bökerregal von mien Speeler een Book över Naams un wat de över dat Leevsleven utseggen doot, funnen. „Heirate niemals einen Udo“ heet dat un is von Clemes Beöthy. Is all'n poor Johr olt. Hermann, Heinrich un Karl-Heinz bruukst dor gor nich mehr in to söken. Dor geiht de Autor schienbor von ut, dat de all keen Leevsleven mehr hebbt. Is jo so, dat Amor sien Piel af en gewisset Öller, blots noch inne Bandschieven scheten deit. Werner gifft dat allerdings noch in dat Book. Is aver schiens nich eenfach mit mien Leevsleven. Ik meen för mi sowieso nich, wenn ik de Büxen up mook, kummt jo blots Schuumstoff to'n Vörschien, nee, aver ok vör all annern Werners. Werners hebbt angeevlich faken Lust, aver nich so veel Empathie un dorüm doot se sik nich so licht mit'n Fro kennenlehrn. De besten schnappt meist de annern Keerls al weg. Werners sünd ok nich so för Vörspeel un Kuscheln, dat laat de meist weg un koomt gau up'n Punkt. Also seggt tominst de Beöthy in sien Book. Ok wenn een

Werner `n beten as so'n Latin Lover utsüht, wenn't up ankamen deit is he ok eher de Barmbeker Klotz. Lack un Ledder schall em in Wallung bringen. Also nich de Dose Farv un dat Dook to'n Finsterputzen, sünnern een Partner de Lack anhett oder irgendwo Ledder an'n Balg verdeelt hett. An besten schall dat mit Andrea, Ute oder Maria passen. Andrea is jüst so akkraat as Werner, Ute hett genauso faken Lust un Marie mach dat wohl ok een'n beten deftiger. Dat drippt allens nich up di to, Werner? Denn hebbt diene Öllern di woll denn falschen Namen geven...

Sik Upregen

Hebbt ji jo von Daag al upreegt? Wat sünd so Saken, de jo up de Palme bringt? Wenn dien Partner de Teenpastatuben nich todreiht? Upstahne Dören? Kackende Köter? Wenn man sik upregen deit, kriggt man'n dicken Hals, seggt man, dat stimmt aver nicht. Anfangen deit de Arger innen Kopp, in dat limbische

System. Dat is de Schaltzentrale vör Geföhle in joen Körper un sitt links vörn in`n Bregen, jüst neven den kahlen Asten. Un Chefin von dat limbische System is de mandelförmige Amygdala. Dat hört sik an as bi Star Wars, is aver ok so. Nu sünd Amygdala un ehr System von de Evolution nich jüst övervördeelt worrn, schall heten, de beiden sünd nich dat hellste Talliglicht up'pe Torte. Dorüm scheet de ok gern al mal över dat Teel rut, wenn't noch gor nich not deit. Un denn hebbt de Hormone Wannerdag! De Blootdruck stiggt, dat Hart rast un de Muskeln sünd an zappeln. Meistens gifft Amygdala denn an den Mund den Befehl, Saken to seggen, de man beter för sik beholen schull. Utarten deit dat, wenn Amygdala de Fuust seggt, se schall sik ballen. Dat gifft jo veele Orten von Upregen. Nix mehr seggen, blots noch sabbeln oder eben kloppen. Bi us Norddütsche is dat besünners schwor. Us mutt'n jo teemlich genau kennen, üm Arger un Freid överhaupt uteenanner to holen. Wenn wi us upreegt, mookt wi „Hm". Dor gifft dat aver veele verschedene von, von düsse „Hm". Een körtet „Hm" heet: „Du musst dat weten“ un een langet „Hmmm“ heet: „Du musst dat weten, aver segg achterran nich, ik harr di dat nich seggt, ik bün rut ut de Nummer“. So, een fründliches „Hm“, is denn aver al wöller Versöhnung. Dat mutt'n weten! De Norddüütsche is doch teemlich speziell, fallt mi jümmers wöller up!

Wutruum

Wenn man sik upregen deit, weet man jo faken gor nich wo man mit siene Wut hen schall. Wo man de los ward. Inne 70ziger hett jo noch de Griff to ne HB Zigarette reckt, wenn du dorbi weerst, inne Luft to gahn. Dat geiht jo von Daag nich mehr. Dorüm bruukt man dor nee Möglichkeiten. Ehrlich seggt, bi mi hölpt dor aver weder Jogging, noch Klangschalen oder uttomalende Mandalas. Ik will denn schreen. Nu hebb ik jüst sehn, dat Jochen Schweizer, düsse Goodschien-Unkel Wut-rüüme in sien Angebot hett. Jochen Schweizer kennt ji? Bi denn kannst du Drööme wohrwarrn laten, de du al jümmers dröömt hest. Also angeevlich. Ik kann mi bi dat meiste gar nich vörstellen, dat dat een will. Keen von jo hett denn mol von Baggerföhrn in Osnabrück dröömt? Nix gegen de, de dor wahnt, aver wat schall ik denn in Osnabrück? Un denn von Hamborg mit'n Bagger dor hen föhrn, dat duert doch ewig. Oder noch verrückter is „Floating för twee". Dor liggst du twee Stünnen mit diene Fro inpökelt in Soltlaak, hest de Been hoch un kickst di gegensietig dorbi to, wo de Mauken verschrumpelt. Dat is doch keen Droom, dat is een Alpdroom! So un düsse Schweizer hett nu ok Wutrüüme to vermeden. Dor kannst du för 140 Euro, 30 Minuten mit ne Axt up Dische, Stöhl un Möbel rümkloppen. Von Ikea sünd de wohrschienlich nich, wiel denn wörrst du jo al na 5 Minuten dor mit dör. Un achteran kriggst denn noch ne DVD mit na Huus, wo du di dat noch mol ganz in Roh ankieken kannst, wo du dor rümwütert hest. Du draffst sogar ne CD mit diene levsten Leeder mitnehmen. Aver wat hört'n denn in so'n Wutruum? „Lebt denn der alte Holz-michel noch?" oder „Heute Abend hab ich

Kopfweh"? Ik glööv, dor hack ik beter Holt oder bölk miene Fro an. Wenn du lang noog mit de tosamen büst, kann de doch mit sowat ümgahn. Un wenn nich, denn kannst ehr jo jümmers noch 'n Gootschien för'n Wutruum schenken.

Anners Eten

Ik glööv mien Poppenspeeler hett Midlife-Crises. Obwohl he egentlich al lang över de Mitt rut is. Aver nu will he nochmol an sien Körper ran un rutholen wat geiht. Lopen, Fitnesstudio, dat vulle Programm. Un siene Fro mutt em de Ernährung ümstellen. Dor hett he sik lang vör wehrt, aver in sien Studio hebbt se em seggt, anners is bald Sluss mit uprechten Gang un flachen Buuk. Also Sixpack is dat eh nich mehr, dorvör sünd dor al to veele Kisten Beer rinwannert, aver mit Sport un dat richtige Eten kunn dor noch wat gahn. Güstern is he bi een Ernährungsberater ween. Nu dröff he erst mol 14 Daag bit Klock 12 nix eten, dormit de Körper entgiften kann un af Klock söss avends nix mehr, wiel he mit Verdauung nich slapen kann. Un nu weet he nich, ob he blots Fleesch oder glieks allens weglaten schall, also ganz vegan nix mehr eten will. Natürlich ok wegen de Derten, wiel de dat jo ok nich wüllt, wenn he de eten deit. Oder reckt dat, wenn de vörher glücklich ween sünd? Dat is ne ganz schwore Entscheidung von em, wiel he jo nich blots körperlich, sünnern ok moralisch inne Midlife-Crises is. Wat draff'n noch eten? Bio is jo noch lang nich öko, tomol man gor nich genau weet, ob Bio överhaupt beter is. Biorinder furzt dree mol so faken as ehre Kollegen ut'n Stall. Denn sünd de vör eniget goot, aver för dat Klima wöller nich. Keen schall dor dörstiegen? Sien Ernährungsberater is Frutarier. Dat is ganz verrückt. De drafft blots dat eten, wat de Natur freewillig hergeven deit. Wenn dor een Appel noch an den Boom hangen deit, drafft se denn nich nehmen un wenn de ünnen liegen deit, hett de Natur denn al wöller trüch. De mööt den ganzen Dag töven bit de Appel fallen deit un em denn upfangen. Dor kannst woll slank bi blieven...

Blootgruppen-Diät

Mien Speeler is jüst up Achtsamkeitstripp un hett sik för körten ne Keerlsgruppe to'n Schnacken söcht. Güstern hebbt se dor över Diäten philospheert. Dor sünd nämlich eenige bi, de hebbt önnich Filet ansett. Waschbrettbuuk mit tein Kilo Wäsche dorvör, segg ik jo jümmers. Un nu wüllt se tosamen afnehmen, also Diät moken. Dorüm mutt jede Week een annern een Diät vörstellen, dormit se dat Richtige anfangt un se nich glieks wöller dat Jojo an'n Wickel hett.

Dat gifft jo intwüschen nix, wat dat nich gifft up denn Diät-Sektor. Weglaten, Dortodoon, Trennen. De sogeseggten Ernährungsexperten hebbt dor jo de averwitzigsten Theorien. Eentopf-Diät to'n Bispill, dor ward dat, wat du eten hest nich in dien Körper inlagert sünnern glieks wöller achtern mit Dampf rutschoten. Oder „Schlank im Schlaf" wo du nachts dorvon dröömst aftonehmen. Völlig bekloppt is de Blootgruppen-Diät. Bi de, drafft Lüüd mit de Blootgruppen A, B un 0 ünnerschedliche Dinge eeten, wiel se sick to ünnerschedliche Tieden von de Evolution entwickelt hebbt. Dorna

sünd Minschen mit Blootgruppe „0“ jümmers noch in de Steentiet togang un verdreegt dorüm an besten Fleesch, de mit „A“ as Ackerbuur un Veehtüchter an besten Getreide un de mit „B“ sünd egentlich Flüchtlinge ut'n Himalaya un schüllt dorüm beter Getreide un Hülsenfrüchte meiden, wiel de mit de Gase wohl nich klorkoomt. Ob de Rhesusfaktor denn de Menge mit „Mehr“ oder „Weniger“ angifft, weet ik nich.
Ik verstah dat ganze Gedöns üm dat Eten nich. Dat is doch ganz eenfach: Keen afnehmen will, mutt weniger Kalorien eten as de Körper bruken deit. So, ob düsse Kalorien ut Fett, Eiwitt oder Kohlehydraten koomt is doch wumpe un keen dat nich beherzigt hett ne Wampe!

Allens is Wellness von Daag

Ik weer jüst mit mien Speeler inköpen. He hett sik nee Strümpe köfft. Bi de olen harr sik de groote Unkel al den Weg no buten bahnt. Aver düsse neen, dat sünd nich blots Strümp, dat sünd Wellness-Strümp! Ik hebb den Zeddel noch: „Diene Fööt hebbt sik dat verdeent: Ob in'n Büro oder to Huus, bi'n Spazeerngahn, Joggen oder Wannern, för den Inkoopsbummel oder ok eenfach to'n Entspannen. Use Soken hebbt Goorn mit speziellen Wellness-Egenschaften." So, woher weet siene Strümp denn, wat dat is, wat he jüst mookt? Ob dat Arbeit, Sport oder Speel is? Un wat heet denn Wellness-Strümp? Wat künnt de denn, wat annere nich künnt? Masseert de mi bi'n Dregen noch de Fööt, oder mookt de villicht in een, twee Stünnen noch'n Upguss? Ik meen, natte Fööt hett he jo al... Boh, allens is intwüschen Wellness! Wiel de Lüüd mit ehr Leven jümmers schworer kloor koomt, hangt de Industrie bi jedet tweete Produkt denn Begriff Wellness achteran. Dormit de Minschen ehre Balance wöller kriggt. Aver even nich dor dör, dat se ehr Verholen ännert, ne, indem se wat kööpt, wat goot för se ween schall. Denn künnt se so wieder moken as jümmers. Dorüm gifft dat Balance jo ok intwüschen in'n Köhlschrank. In düsse lütschen Joghurts. Dat harrn se doch fröher weggoten, düssen flüssigen Kram. Aver von Daag is dat wat ganz Besünneres. Un so düür, dat man dat egentlich inne Afteken köpen müss. In düsse Joghurts hebbt se de Bakterien so faken rümdreiht, dat de doch total de Orientierung verloren hebbt. Un wofór? Wiel so'n lütschen Joghurt angeevlich de Darmflora anregen schall. Weest du wat? Wenn du diene Darmflora anregen wullt, denn musst du Gröönkohl eten. Dor markst du nich blots dat de diene Darmflora anregen deit, dor hörst un rückst du dat ok...

Slapen

Ik hebb jo groten Spaaß dor an, wat ji Minschen jo jümmers för gediegene Redewendungen utdenkt. Güstern hebb ik to'n Bispill wöller hört „Slaap schön". Keen hett sik dat denn utdacht? Hebbt ji mol een utwussenen Minschen schön slapen sehn? Dat süht aver allen's annere as schön ut, wenn sik dat Gesicht von'nen Dag verhoolt. Un von den

Krach de dor bi to hörn is mol ganz afsehn. Wenn du in'ne Bahn in so'n Söss-Mann-Afdeel sitten deist, kannst du Horrorfilme dreihn. Dat fangt ganz harmlos an. De Lüüd hoolt sik ne Zeitung ut'te Tasch un leest. Denn ward se mööd un de Ogen gaht langsam to. Denn fallt de Kopp langsam no vörn. Dat geiht aver noch. Wenn de no achtern fallen deit, nich mehr, denn gaht nämlich de Geräusche los un all poor Sekunden sünd se an zucken. Un ernswann koomt ok noch de Speichelfäden. Dor kannst froh sien, wenn du de Erste büst de inslapen deit.

Slapen is een spannendet Thema. Wi verslaapt meist een Drüttel von us Leven. Is dat nu Entspannung, Tietverschwendung, Erholung?

Ik hebb mol leest, dat jede Fro pro Nacht anderthalf Stünnen waak liggt, wiel ehr Keerl Krach moken deit. De flatuleert, dreiht sik rüm un schnorkert natürlich. Anderthalf Stünnen! Dat sünd 22 Stünnen pro Maand. Bi ne dörsnittliche dütsche Ehe von 14 Johrn heet dat, dat de Fro een Johr dorvon waak liggen deit. Dat de in de Tiet över ehre Beziehung

nadenken deit, is jo wohl keen Wunner. Anners utdrückt heet dat, wenn de Fro utslapen is, is dat goot för de Ehe. Leider kann'n dat nich up den Keerl överdregen, denn wenn de richtig waak is, kummt de up dumme Gedanken.
Also, Slaapt schön!

Dröööm wat Schönet

Seggt mol Deerns, säuselt jo 'n Keerls ok jümmers so, wenn he jo anropen doot? Wenn mien Achtermann telefoneert, denn hör ik al an sien Tonfall, wenn sien Fro an'n Apparat is. „Jo, mook goot. Du ok. Ik di ok. Ik aver noch mehr. Küsschen! Nee, legg du up. Nee, du, du hest anropen..." An leegsten is dat, wenn he to'n letzten Mol anropen deit, also avends wenn se na'n Bett hen will un he mit mi noch ünnerwegens is. Denn geiht he jümmers extra rut, wiel em dat schaneerlich is wat he dor in dat Telefon hauchen deit. „Den slaap goot mien Söten un drööm wat Schönet. Jo, ik föhr vörsichtig“. As wenn irgendeen anners föhren dä, blots wiel de Fro dat seggt hett. Düt Gesabbel kann een sik doch sporen. Un „Drööm wat Schönet“, dat is doch ok een frommen Wunsch, oder? Wann dröömt ’n denn wat Schönet? Wat dröömt man? Man sitt in een Auto wo dat Stüür fehlt oder de Brems is twei; man fallt enerwegens rünner un fallt un fallt un fallt; du büst wöller inne School un sittst över eene Rekenarbeit un hest keen Ahnung oder schasst noch een Bild för dien Kunstünnericht afgeven, wat natürlich nich fardig is un in de Tiet von dien Droom ok nich fardig ward, wiel die Tiet löppt un löppt aver du nich wieder kümmst. So, un wenn du as Keerl mol’n fuchtigen Droom hest, denn hest du den mit diene ole Musiklehrerin, de du dormols al nich up’t Fell kieken kunnst. Von wegen „Drööm wat Schönet“. Obwohl, de Opa von mien Speeler, de hett jümmers seggt: „Een Droom is jümmers wat Schönet. Wenn he schön ween is, is dat schön ween, dat he schön ween is un wenn nich, is dat schön, dat he, wenn he nich schön ween is, blots een Droom ween is!“. Also, dröömt wat schönet!

Keerls un Krankheiten

Dag ok, Momsen hier. Ik as Stoff-Popp mutt mi jo keene Gedanken över Öller un Dood moken. Ik warr jo nich öller, ik warr blots dreckiger. Aver bi jo Minschen is dat doch anners. Dorüm mag dat hier för jo villicht interessant ween. Ik hebb nülichs leest, dat Keerls över 45 de verheirad sünd, länger leevt as de, de dat nich sünd in dat Öller, also verheirad. Un dat obwoll de Verheiraden in'n Dörschnitt sogar dicker sünd as de Junggesellen. Bi Froons is dat anners, dor stiggt de Levenserwartung in de Eh blots, wenn düsse ok glücklich weer, also de Eh. Dat is för Keerls woll nich so wichtig. De leevt nich länger, wiel se mit ehre Fro tofreden sünd, nee, de doot dat, wiel de Froons ehre Keerls so goot plegen doot un se ok regelmäßig to'n Doktor schickt. Dor gaht de doch sünst nich hen. Kummt von sülms, geiht ok von sülms, kennt ji doch, den männlichen Grundsatz. Gesundheit is nich blots dat Fehlen von Krankheit, nee dat is dat vullständige Wohlbefinden von Lief, Geist un Seel. Dat seggt de Weltgesundheitsorganisation. Woher schall dat een Keerl denn weten, woneem dat is? Dorüm künnt Keerls mit Krankheiten nich ümgahn. Wenn se ’n beten wat hebbt, schüllt se nich jammern, aver wenn se richtig wat hebbt, schüllt se Bescheed seggen! Woher schall so ’n Keerl denn weten, ob dat wat he dor hett al wat is, wat he seggen schall? Keen leggt dat denn fast? Dat nich to weten, dor ward he krank bi. Dorför bruukt he siene Fro. Aver wenn de dat to genau mit em nehmen deit un al vör em markt, dat he wat hett, is dat ok nich goot. Denn fraagt se em nämlich: „Segg mol hest du wat?“ Denn seggt he: „Nee, woso?“ Aver se glöövt dat nich un seggt: „Aver ik seh doch, dat du wat hest.“ Latest denn hest du aver wat!

Wat kummt na den Dood?

Ji hebbt doch bestimmt al mol över jo´n Dood nadacht, oder? Hört jo to’n Leven dorto un man fraagt sik doch, wo dat aflopen deit, ob denn noch wat kummt un natürlich ok, keen to de Beerdigung kummt. Is de Kark vull? Keen fritt am meisten Bodderkoken un keen hett as erster een sitten, wenn se innen Krog dien Fell versupen doot? Un veele hofft denn up een twetet Leven. De meisten boven innen Himmel, eenige aver ok noch mol bi us hier up'pe Eer. Manche fangt dor sogar al to Leevtieden an, dorför vör to sorgen. Kryoniker to'n Bispeel. De laat sik anstatt intokulen bi minus 196 Grad infreren un töövt denn up den richtigen Momang sik wöller updauen to laten. Bit dorhin hangt de Körper koppünner in son Edelstahlbehälter un ward mit Stickstoff begast. Dat Bloot is rut un ward dör Frostschutz ersett. 170.000 Euro köst dat. Geiht bither aver blots in Amerika, wiel man dat bi us noch nich draff. Hier is Infreren nich erlaubt. Also Poularden, Kottelet un Steaks woll, aver Onkel Franz draffst to'n Glück noch nich in di'n Keller uphangen. Koppöver mutt dat ween, wiel de Stickstoff lichter as Luft is un wenn dor mol to wenig in düsssen Behälter binnen is, denn sünd twors de Föten twei, aver de Kopp is noch ganz. Rund 250 solke Mumien hangt dor al in Amerika rüm. Dörünner ok eenige

Düütsche. Wanneer de aver ut ehre Stickstofftanks wöller rutkomen künnt, weet noch keen een, wiel de sofort Gefrierbrand kriggt, wenn een dat Thermostat hochdreiht. Kritiker seggt, dat is allens Quatsch, man kann ut een Doden keen Minsch wöller moken, man kann jo ok ut een Hamborger keene Koh mehr moken. Ik weet nich. De düütschen Kryoniker söökt övrigens noch Sponsoren un Rümlichkeiten wo se gemeensam afhangen künnt, also bevör se afleevt. Villicht hett de eene oder annere Slachter ja noch ne Köhlkamer, de he nich mehr bruken deit...

De leeve Technik un dat virtuelle Leven

„Dat is ganz eenfach…"

Ik kann dat nich mehr hören, wenn een Verköper in'n Laden seggen deit „Dat is ganz eenfach". Bi`n Köpen von wat wo man ne Bedeenungsanleitung bruukt. Wiel dat dat nich is un ik dat jümmers uttobaden hebb, wenn mien Achtermann dat denn nich henkriegen deit, sik as Trottel föhlt un slechte Luun hett. Dorbi mutt he dat ok gor nich mehr allens begriepen, he is doch ok nich mehr ganz taufrisch.

Is doch so, oder? Af een gewisset Öller mutt'n doch nich mehr jeden Trend un Schnicksnack mitmoken. Dor schützt di denn de biologische Klock vör, Dinge to doon, de du nich mehr doon kannst, wiel du se nich mehr begriepen deist. Aver af un to mutt 'n dat denn doch, sik dör so'ne techniche Neerung dörbieten. Un denn kriggt he'n dicken Hals. Aver ik segg hier ok mol klipp un klor för all Verköper: Dat is to'n Bispill nich eenfach un licht een neen Full-HD, 4K Home-Fernseher mit Voice over IP, W-Lan Router Speedsport, Develo Wifi-Repeater un Speed Home Bride ut'n Keller in'n tweten Stock to'n Lopen to bringen. Dat kann doch nich ween, dat man son Fernseher veer Weken vör de WM köpen mutt, üm dat Eröffnungsspeel störungsfree to kieken. Mien Speler un siene Fro hebbt sik twee Weken nich sehn, wiel he in'n Keller un se in'n 2. Stock ween is. De hebbt sik bi de Instalation blots noch öber Klopfteken verständigt oder anschreen. Geiht he? Mook noch mol ut? Wat? Ik verstah di nich? De Fro von mien Speler de hett ne Root-Gröön-Schwäche, de süht doch gor nich, ob de Schalter an oder ut is. Dat is nich eenfach. Vör allen nich för so'ne Beziehung. Denn wat dat mit een Pärchen mookt, doröver steiht nix in so'ne Bedeenungsanleitung. Dat is nich eenfach...

Neet Navi

Güstern hebb ik wöller dacht, Technik is schön, mookt aver ok `n Barg Arbeit. Mien Achtermann, also mien Speeler hett to Wiehnachten een neet Navi kregen. Un dor sünd wi güstern dat eerst Mol mit föhrt. Dat weer ne Katatrosphe. Wiel de Fro ut den Apparat, schienbor dor noch nich ween is, wo wi henföhren wullen. Ik meen, wi hebbt dat wohl markt, dat de sik nich utkennen deit, aver wi wullen doch nicht dortwüschen funken. Froons möögt dat doch nicht, wenn wi Keerls se verkloren wüllt, wo't lengs geiht. As wi denn dat drütte Mol verkehrt rüm inne Eenbahnstroot inböögt sünd, hebb ik seggt, nu lot us mol up de männliche Stimme ümstellen. Man seggt Keerls doch den beteren Orientierungssinn no. Ik weet man seggt de dat bloß no. Bi us is dat al dor an scheitert, dat mien Speeler nich wüss wo man dat Ding ümstellen deit. He hett dat up Fro programmeert. He seggt jümmers, de hett de erotischere Stimm. As wenn dat dor bi'n Verkehr up ankomen deit. Also, bi`n Berufsverkehr... Ik weet jo nich wo jo dat geiht, aver wenn ik in so'n Kreisel inbögen do, denn warr ik bestimmt nich rollig, blots wiel de Fro mi vertellen deit, wecke Utfohrt ik nehmen schall. Oder liggt dat villicht ok dor an, dat Keerls nich twee Soken to sülvige Tiet moken künnt? Ik meen he mookt jo ok to'n Inparken dat Radio ut. Nächstet Mol nehm ik glööv ik de Bohn...

Handy ohn Verdrag

Hebbt ji 'n Handy mit Verdrag, oder een mit son'e Korten to'n Aftelefoneern? Wenn ji so'n Prepaid-Handy hebbt, den weet ji hoffentlich, dat ji dor regelmäßig mit telefoneeren mööt. Anners ward de Korten afschalt! Ok wenn ji keene Lust dor up hebbt, roopt mol wöller Tante Gerda an oder de Tietansage. Denn, wenn de Koort doot is, is de doot. Dor kriggst du keen Leven mehr rin. Un eenfach ne Nee rinmoken geiht ok nich. De musst du intwüschen för dat Benutzen noch freeschalten laten un di persönlich identifizeern. Un dat is gor nich so eenfach. Dor musst du noch een Handy hebben. Een mit Verdrag, wo du di ne Post-App rünnerladen kannst, üm bi de antoropen, also bi de Post. Dor hest du denn een sitten, dat is glööv ik een ehemaligen Stasimitarbeiter, den du dien Personalutwies wiesen musst. De mutt nämlich kieken, ob dat Bild von dienen Utwies mit dien echtet Bild, also dien Utsehen övereenstimmt un ob du nich villicht mit Osama Bin Laden verwand büst. Anners draffst du in Tokunft nämlich nich mehr mit diene Kinner telefoneern. Un wiel dat jümmers noch nich utreckt mit dat Verglieken von de Billers, mutt he noch sien eegen Bild von di moken un di fotografeern. Von de Post ut, mit dien Apparat, bi di in de Stuben. Un wiel dat nich an jede Wand geiht, schickt de di inne Bude hen un her, üm een bruukboren Achtergrund för dien Konterfei to finden. Stillleben mit Hirsch möögt de von de Post nich so un Licht ut de Finster ok nich. Dorüm rennst du as een Bekloppten dör diene Stuuv. „Gehen sie mal nach rechts, jetzt etwas mehr nach links...“ Dor weest du eernswann gor nich mehr wo wat is, denn sien Links is jo dien

Rechts. Dor föhlst du di as Grobi inne Sesamstraten. „Jetzt bin ich nah und jetzt bin ich fern…“ Wat sehn ik mi manchmal na de Tiet trüch, wo wi mit de ganze Famile blots een Telefon harrn. To Huus, up’n Flur.

Jümmers fotografeern

Weet ji wat mi as Popp richtig up’n Geist geiht? Dat ji Minschen alltiet fotografeern mööt. Vör eenige Johrn hebbt noch all över de Japaners lacht, dat de allens knipsen doot, nu is dat hier nich mehr anners. Allens mutt rupp up ne Festplatt. Ji knippst de Gegenwart, üm se jo in´e Tokunft antokieken un verpasst dorbi de Gegenwart. Un to’n Ankieken blifft keen Tiet, wiel in denn Momang wo ji de Gegenwart knipsen doot, is de jo all Vergangenheit. Un een Gegenwart tööft al. Un wenn ji dorvon ok noch’n Foto mookt is de erste Gegenwart al Vergangenheit. Dor blifft doch gor keene Gegenwart mehr över to’n Kieken. Fotoapparat in’t Handy, dat is ne Geißel! Mien

Speeler de hett so veel Fotos von sien Ohr, de weet gor nich, wo he de all uphangen schall. De is nülichs bi'n Hals-Nesen-Ohren-Dokter ween un de wull em röntgen. Hett he aver nich bruukt, wiel he de Biller von sien Handy harr. Un denn düsse Selfies! Holt de jemals noch een wöller vör üm sik de an to kieken? Ik glööv nich. Dat will doch keeneen sehn. Düsse överblitzten, unvördeelhaften Upnahmen. Af een gewisset Öller kiekt de Minschen doch blots noch in'n Spegel wenn keen annern kieken deit, aver up'n Handy mookt se Fotos wo du jeden Pickel sehn kannst un ut Kraienfööt ganze Kraihennester ward.
Un nu hebbt se ok noch düsse Stäbe rutbrocht wo du dat Handy von di wegholen kannst. Dat süht doch ut, as wenn dat Handy al losgahn is un ji rennt achterran. Un mit düssen Stick, wo de jo heeten deit, kannst nich blots Selfies, sünnern ok Arschies moken. Denn kannst bi'n Urologen nu wohl ok diene Biller glieks mitbringen...

Smartet Leven

Is joe Wahnung egentlich schön? Oder sogar schlau, also smart? Dat heet, ob ji dor noch alleen wahnt oder al mit Computers, de nich blots up'n Schriefdisch, sünnern inne ganze Bude rümstaht, un ünnereenanner vernetzt sünd. Is in'n Momang doch een groten Trend, sik dat Tohuus smart to moken. Inne 80ziger sünd de Minschen noch gegen de Volkszählung up de Straten gahn un nu stellt se sik Alexa, oder se ehre Geschwister von Google, Apple oder Samsung inne Wahnung. Wat dormit allens utspioniert ward, dorgegen is Georgs Orwells 1984 een Witz ween. Is dat mit düsse Apparate nich so, as dään wi use Bude freewillig verwanzen? Harr dat düsse Dinger all 1989 geven, weer de DDR wohrschienlich nienich ünnergahn. Worüm mutt ik Alexa denn fragen, wo dat Weer is? Dor gah ik rut un kiek na, oder? In een smarten Huus künnt Köhlschrank, Spöölmaschien un Herd miteenanner snacken. Översett von Alexa, denn de kann hitt, koolt un rein wohl sprooklich voneenanner ünnerscheden. Keene Ahnung wo de dat mookt.

So, nu nehmt wi mol an, du büst up de Arbeit un dien Köhlschrank seggt to den Herd: „Kiek mol, wat hier Eier binnen sünd!“. Denn seggt de Herd: „West wat, von Daag mookt wi mol een schönet Omlett“, gleiht al vör un snackt nebenbi noch mit de Spöölmaschien, dat de weet, dat dat fettig warrn kann un glieks een Tap mehr bereit leggt. Dat will man doch nich, dat de Maschien sik heemlich över dat Eetverhollen von ehre Besitzers lustig mookt. Stell di mol vör, de Herd hett keen Lust un seggt „Von Daag blifft de Ofen ut“ un denn bestellt de een Pizza. Denn pingelt dat avends bi di anne Döör, du mookst open un seggst „Tschuldigung ik hebb aver keine Pizza bestellt!“ „Nee, aver dien Herd“, seggt de Pizza-Bote denn. Dat is doch bekloppt.
Un wat is denn, wenn du mol verköhlt büst? Nehmt wi mol an, du büst‘n beten an Röcheln. Alexa de kennt di doch gor nich mehr. Dor musst du daagelang bi diene Navers slapen, wiel Alexa dien Huusdör nich open mookt. Oder mol’n beten indiskret: Wo ist dat denn mit’n Sex? Nehmt wi mol an Muddern un Vaddern kiekt Tatort un weet al, üm negen

keen de Mörder is. Denn haut Vaddern Muddern mol so ganz jovial sien Ellbogen in'ne Siet un se weet „Aha, eener geiht noch!“ Na koom, af een gewisset Öller musst du di verständigen könen, dor kannst du nich noch lange rümsabbeln, denn is de Rolligkeit doch glieks wöller wech. So, nu gaht de röver in'ne Slaapkamer un haut mol önnig eenen rut, hebbt Spaaß un man hört dat ok. Alexa, de kann düsse Töne doch gor nich toordnen. De denkt, dor sünd Inbreckers in'n Huus un se röppt de Polizei. Denn pingelt dat wöller, Vaddern treckt gau siene Sloggy-Long-Long hoch, wiel he denken deit, de DHL-Fohrer kummt aver laat von Daag un wenn he de Döör open mookt, hett he een Gewehr vör de Ogen! Dat will man doch nich.
Also mi kummt keene Alexa in't Huus. Dor leev ik lever dumm un nich so gefählich, as smart un överwacht.

Dusch-WC

Ik koom jüst ut'n Sanitärfachhandel. Mien Speeler överleggt, ob he sik son'n Hochleistungs-Klo inboen lett. In Japan hebbt se de Dinger jo al länger aver nu kummt de bi us ok mehr un mehr up. Dusch-Wc's heet de. Dat meent aver nich, dat du bi'n Duschen up Klo gahn kannst, ne, du kannt up'n Klo duschen. Also nich von boben, sünnern von ünnen, blots dat Chassis, also Ünnerboddenwäsche so to seggen. Drögen, denn glööv ik aver ohn Heetwachs. Villicht to Ostern noch 'n beten Glanzplege.

Mutt man sowat hebben? So'n Klo is doch een Oort wo de Minschen siet Johrn weet, wo dat dor afgeiht. Eegentlich sogar international. Mutt'n dat nu ok noch verkomplizeern? Up son' Ding, kannst du di nicht mehr geplegt mit diene Zeitung trüchtrecken un di mol'n Ogenblick von dien Fro verholen, ne, dor musst du dien Handy mitnehmen, üm diene Sitzung to organiseern. Ik weet nich, wo geiht sowat af? Sitt dor een Urologen in, de weet wat Schritt to Schritt to doon is? Wenn du dor dat erste

Mol rupgeihst mutt dat Klo doch erst mol Inventur moken, wat dat dor ünnen so in`t Angebot gifft. Af en gewisset Öller sünd de Glocken doch länger as de Turm, dor mutt son Duschstrahl doch up reageeren. Un wenn gor keen Turm kummt is dat jo noch anners. Man will sik mit düsse Dusche doch nich dat ganze Badezimmer ünner Water setten. So, un wat is, wenn de Urologe dor binnen mol Urlaub hett? Mutt'n denn sien Handy nehmen un anstatt een Selfie een Arschie moken?“ Un dat Bild wertet denn eene WC-App ut, oder wat? Dat mookt mi Angst. Stell di mol vor, dat Ding mookt bi di jüst ne Holruum-Versiegelung un denn fallt de Strom ut? Also ik dä lever allens so laten, as dat is.

Utpacken

Ik verstah de Welt nich mehr. Överall hör ik, dat de Minschen keen Tiet mehr hebbt, aver denn mookt de ständig Saken, de nix bringt aver ganz veel Tiet köst. Mien Achtermann sitt nu anduernd för sien Uptritt inne Garderobe un kickt sik up sien Handy Filme an, wo annere Lüd wat utpacken doot. Unboxing heet dat. Wat schall dat? Wenn he dat sülms verschenkt harr, goot, denn will'n jo ok sehn, dat de Beschenkte sik freit, hett he aver nich. He kickt stünnenlang annern dorbi to, wenn de ehre Handys utpackt oder sik ne nee Nogelscheer toleggt.

Düsse Videos, hebbt Millionen Klicks. In Amerika gifft dat een Kind, dat hett för sien Utpacken von Speeltüch 1,8 Milljonen Anhängers bi Youtube. Eene Brasilianerin verdeent bit to 13 Milljonen Euro in Johr mit dat Openmoken von Överaschungseier. Also mit dat Tokieken dorbi! To'n Glück schient de Fro de Eier nich mehr to eten, anners harr de so dicke Finger, dat du de Figuren gor nich sehen kunnst.

Veele, de sik wat nich leisten künnt, wüllt wenigsten sehn, wenn annere dat hebbt. Also wenn se de Utpacker nich kennt. Wenn de Naver dat nee Auto afholen deit, un dat is dicker as dat eegene, kickt veele dorbi jo nich mehr geern to. De Internet-Experten seggt, de

Tokiekers wüllt sehn, wo de Köper up dat Produkt reagieren deit, wo dat utsüht wat he utpackt un ob sik dat lohnt, dat to köpen. Froons hört dorbi geern dat Rascheln bi'n Utpacken un Keerls freit sik över dat Design, von Telefone oder technische Geräte. To'n Glück hebbt se in düsse Videos nich ok noch wiest, wo de Nogelscheren-Köper dormit an siene Töön togangen weer. Dat gifft dat in'n Netz bestimmt ok to sehn, aver dor mutt'n denn wohl genau weten wo...

Dat Ei von Henrietta

Mookt ji ok Facebook un Insta, also Instagram? Düsse sonöömte sozialen Netzwarke, de oft so asozial sünd, wiel sik de Lüüd dor de Köpp inhaut. Hebbt ji dat mitkregen, dat vör eenige Tiet, een brunet Höhnerei Milljonen Fans up Instagram sammelt hett? Mehr as düsse Deerns de jümmers Fotos von Mors un Gesicht mookt. So as to'n Bispill Kylie Jenner un Kim Kardashian. Över 50 Millionen Frünnen hett dat Ei al funnen. Eeenfach een Ei. Keen fuulet Ei, keen falschet Ei un ok keen Röhrei. Een Ei von een Hohn ut England, dat angeevlich Henrietta heten deit. Dat lacht nich, is nich bunt anmohlt und mookt ok nix. Gor nix. Dat steiht eenfach so rüm. Nich mol'n lustigen Achtergrund is to sehn. Schiet is dor ok nich mehr an. Dat Ei von Henrietta kunn'n wohrschienlich so eten. Also nu nich mehr, dat steiht jo al wekenlang in't Netz un is nich mehr goot. Mi mookt dat'n beten ratlos. Wo kann dat ween, dat ji beklagt, dat ji keene Tiet mehr hebbt, wenn ji jo up'n Handy Eier ankieken doot? Wenn ji dorvör Tiet hebbt? Över 1000 Bidräge finnst du bi Insta, wenn du Höhnerei ingeven deist un noch mol 1000 bi Höhnereier, also de Mehrtall von Ei. Sogar Höhnerintopf hett noch 136 Bidräge! Wat löppt dor scheef in use Welt, dat dusende Minschen Eier fotografeert? Is sone Handycamera würklich een Segen? Wenn de Lüüd ehre Eibillers noch entwickeln un dor ne Week inne Drogerie up töven mössen, geev dat wohrschienlich nich so veel Eibillers. Bi düsse sozialen Netzwarke sünd jo vondaag jede

Menge Influenzer ünnerwegens, wenn ik mi dat aver ankieken do, wat de dor mookt, hebb ik dat Geföhl, de hebbt Influenza, also Grippe. Up dat meiste, wat du dor to seh’n kriggst, kannst di ok een Ei up pellen...

Norddüütschland

Hummel, Hummel

Ik stoh as Popp jo faken up‘pe Bühn un schnack över Norddüütschland. Anfangen do ik dat meist mit „Hummel, Hummel“. Un ok wenn de Norddüütsche nich to Övversprungshandlungen neigen deit, kummt glieks dat zackige „Mors, Mors“. Un dat wo veele gor nich weet, wat dat heten deit. Dat de „Arsch, Arsch“ to mi seggt. Is al gediegen use Spraak, wat? Up Plattdüüsch is allens veel harmloser. Ok in de Narichten. Wenn dor’n Unfall up´pe Autobahn ween is, denn sünd dor bannig veel Autos inenander bummst. Klingt nich so schlimm. Wenn eener storven is, denn is de dootbleven. Dat hört sik an, as leev de doch noch’n beten. Un wenn mol richtig wat is, denn heet dat: „Nützt jo nix“ un denn nützt dat ok nix. De Utwertigen seggt wi weern mundfuul. Nee, wi bringt dat up´pen Punkt!

De Norddütsche schnackt even nich so veel. De hett jüst so veel Wöör as all de annern, aver he heevt sik de för schlechte Tieden up. De Inheimischen in Grönland hebbt angeevlich 100 Wöör för Schnee, wi hebbt de för „Na“ un „Jo“. Wenn bi us eener anstatt „Moin“, „Moin, Moin“ seggt, denn will de di doch’n Gespräch uptwingen. Hier musst du weten, wanneer du dien Sabbel to holen hest, denn hest du ok keen Arger mit dien Naver. De Norddüütscheste von all is natürlich de norddüütsche Keerl. Wenn sik dorvon twee drepen doot, un de eene seggt „Na?“ un de annere „Mutt“, denn is för veer Stünnen aver allens seggt. Goot, wenn de twete noch mol nahoken deit, denn seggt de andere „Mutt ok“, aver mehr mutt ok nich.
Also, Hummel, Hummel!

Norddüütsche Mentalität

Güstern harr ik een Show hier bi us in Norden wo ok een Komiker ut Köln mit bi ween is. So’ne Mix-Show mit Singen, Spaaß moken un

Vertellen is dat ween. Un de ut Köln is anfungen. Un denn hett de glieks inne ersten Minuten denn Rheinländer rutlaten un een Hallas mookt, dat de ganzen Nordlichter völlig perplex ween sünd. „Hallo Hamborg! Wo geiht jo dat? Geiht jo dat goot?" Güng de dat villicht, aver dat hebbt se em doch nich vertellt. Güng doch den ut Köln nix an. Vör allen nich, wenn se den noch gor nich kennt. Un anstatts sik erst mol vörtostellen, hett he sik glieks dat Publikum vörnohmen üm dat kennen to leern. Aver ok blots pro forma. De wull gor nich weten, keen dor för em sitten deit, de wull blots hören, ob wecke dorbi sünd, de ut Pinnbarg koomt, üm sik denn doröver lustig to moken. Dat is ok een Rätsel, dat dat egal wo funktioneert. Wenn gor nix geiht, vertellst du in Hamborg wat över de dösigen Pinnbarger un all, blots de ut Pinnbarg nich, lacht sik doot. In Bremen geiht dat mit Diepholz, in Hannober mit Braunschweig un in Braunschweig mit Hannober. Un as he dor mit dör ween is, hett he ok noch mit düsse bekloppten Applausetests anfungen un sik wunnert, dat wi nich över Stufe twee ruutkamen doot. Leeve Rheinländers, wenn ji bi us wat up´pe Bühn moken wüllt, denn mööt ji erst mol'n beten wat up'n Disch legen bevör de Norddütsche sien Schlüpfer smieten deit, wenn he dat goot finnt. Dat mookt de nich glieks. Un de Norddütsche smitt sien Schlüpfer egentlich eerst, wenn he denn nich mehr bruken deit. Un ehrlich seggt, denn bruukt wi denn up de Bühn ok nich mehr...

Veertel-Negen

Mien Speeler un ik sünd letzte Week to'n Uptritt bi de Meckis ween, also in Meck-Pom. Un de hebbt us verwirrt. Ik meen, ik weet jo, dat de Turmbo to Babel us ne Menge Steen in den Weg leggt hett un dat de Nord- un Süddüütschen bannig veel Probleme hebbt, sik to verständigen. „Weischt", „Verstoscht". Aver ik hebb jümmers dacht, von Norden bit to'n Nordosten is dat nich so schlimm, dor is de gemeensame Duden noch groot noog. Tomol wi us mit de Lüüd ut Meck-Pomm sogar noch up Platt ünnerholen künnt. Dat Verstahn hört aver spätestens up, wenn dat üm de Klock geiht, also de Klock un ehre Tieden. Dor seggt de Veranstalter in Ludwigslust to us, wi schüllt üm „Veertel-Negen“ anfangen. Du, dor steihst du achter de Bühn un denkst, „Wann is dat denn?“ Is dat ne Veertelstünn von Negen weg oder ne Veertelstünn na Negen hen? Du un denn hebbt wi us mol de Möhe mookt dat dör to reken. Negen kannst du gor nich dör veer delen! Un dat is Veertelnacht, dor kummt doch gor keene Negen in vör? Wat is dat denn vör'n komplizeerten Kraam? De Baden-Würthenberger mookt dat ok, aver bi de weet man jo, dat de anners sünd. Dat dat bi us Navers ok so is, harr ik gor nich wüsst. Angeevlich gifft dat twee Sorten Minschen, de een kiekt vörut un de annern weet wat frisch achter se liggt. De Mecki kiekt also lever vörut, as trüch. Dat is woll use melancholische Ader. Veele seggt bi us jo ok: „Fröher weer allens beter...“

Unnützet Weten

Bekloppte Studien

Wenn ik för miene Geschichten rechercheeren do, fallt mi ganz faken lustige Studien up, wo man Rückschlüsse över sien Verholen trecken schall.
Dor gifft dat jo nix, wat nich to'n Forschen reckt. Dat meiste bruukt egentlich keeneen, Spaaß mookt dat aver. Nu hebb ik wöller wecke funnen. Wat mookt ji mit Büroklammern? Wo bögt ji de up? Dat Verbögen von Büroklammern schall een minschlichen Urtrieb ween. De gifft dat aver erst siet dat late 19. Johrhundert... Wenn du de eenfach hochklappen deist, büst du stur un eenzelgängerisch. Wenn du de ganz upbögen deist, ehrgiezig un zielstrebig. Wat du büst, wenn du lever Tackern as Klammern deist, stünn dor nich.
Schön is ok, wat dat Eeten över jo seggt. Wenn

een kookte Eier mag, is he eher chaotisch, de von poschierte is open un de Spegeleier-Eeter sexuell besünners aktiv. Röhrei-Frünnen sünd verschloten un de von Omletts disziplineert. Dorto kummt noch, dat Fans von kokte Eier sik överdurchschnittlich faken scheiden laat un Röhreier vör allem Minschen eet, de keene Kinner hebbt. Poschierte Eier sünd övrigens de, de vör dat Koken noch ehr Schale verloren hebbt, falls ji dat ok nich weet, so as ik.
Keen kummt up sowat? Hebbt de toveel Langewiel? Worüm mutt man sowat weten? Dat gifft sogar Studien dorto, wo sik een BH bi een atomare Katastrophe verhöllt oder ob dat gefährlicher is, von een vullen oder halfvullen Beerbuddel dropen to warrn. Angeevlich sünd dat de leddigen Buddels de an meisten een Schädeltrauma utlööst. Ik meen, dat harr ik de ok so, ohn ehre Studie, seggen kunnt. Wenn ik 10 Buddeln Beer leddig hebb, hebb ik an neegsten Dag ok meist een Schädeltrauma...

Reinmoken un Musik

Ik hebb ok noch eene Studie över den Tosamenhang von Putzen un Musik funnen. Angeevlich hört dreeveertel bi'n Reinmoken Musik un jede föffte dorbi Schlager. Worüm Schlager? Liggt dat an de besungene heile Welt? Drifft dat de Minschen an, dat to Huus ok heil un schön to hebben? Ik meen, dat is natürlich beter Musik dorbi to hörn, as Fernseh to kieken. Dat mookt angeevlich 15 Prozent von de Befragten. Wo schall de Bude denn dorbi rein warrn? Dat gifft doch blots runne Ecken. In'n Internet kannst du di sogar eene Playlist, also Musiktosamenstellung, rünnerladen, de di dat Putzen lichter moken schall. „Du willst mir an de Wäsch" is ok dorbi. Wecke Songs dorvon aver hartnäckige Kalkflecken löst, verrat se nich. So as dat bi mien Speeler utsehen deit, hört de glööv ik teemlich froh „Let it be" von de Beatles oder „Steh auf, wenn du am Boden bist" von de Doden Büxen, also Toten Hosen. Un wenn dat noch een poor Johr so wieder geiht „Reiss die Hütte ab" von Mickie Krause. De Universität Brüssel hett allerdings ok rutfunnen, dat Putzen för Keerls to gefährlich is. Dat Risiko to starven is nämlich bi männliche Reinigungskräfte üm 45 Prozent grötter as bi Büroangestellte. Bi reinigende Froons aver blots 16 Prozent. Nu mutt ’n allerdings ok togeven, dat dat keene genetische Grünnen hett, sünnern an den Lichtsinn un de Unachtsamkeit von de Keerls liggt. De vergeet jo meist sik vör Dämpfe un Chemikalien to schützen. Denn doch lever gor nich putzen. Denn anners is de Bude rein, aver up diene Beerdigung speelt se „Highway to Hell“ von AC DC...

Eensiedlerkrebs

Hebbt ji een Partner oder Partnerin? Oder sünd ji an’n Söken? Üm jemanden to finden mutt een vondaag ja nich mehr sien Mors hochkriegen un op Partys oder to’n Danzen gahn, nee, een kann siene schlabberige Joggingbüx anlaten un sien Glück in dat Internet versöken. Angeevlich schall dor jo alle

11 Minuten een anbieten. Düsse Möglichkeit, hebbt Deerten nich, de mööt sik jümmers noch verleevt inne Ogen kieken oder up den Momang töven, wenn een von Beiden wech-kieken deit. Dor hebbt dat Stubenhocker nich licht. So as de Eensiedlerkrebs to'n Bispill. Wenn de mol ne Muschel as Huus funnen hett, de em gefallen deit, geiht de dor blots ungeern wöller rut. Tomal de denn ok ruckzuck wech is, wiel een annern Krebs dor rin geiht. Bi Krebse gifft dat jüst as bi us in Hamborg ne groote Wahnungsnot. Dorüm mööt de sik genau överleggen, wenn de rollig sünd, ob sik dat lohnt, för een beten Spaaß dat Huus to verlaten. Un wenn de bi ehre Schäperstünnen dehydriert, liegt de ruckzuck up'n Puckel un ward upfreten. Dorüm hebbt Eensiedlerkrebse so groote Penisse, dat de ehr Huus bi'n Sex anbeholen künnt. Also nich all, ober eenige. Mookt Minschen jo ok, de be-hoolt nich ehr Huus dorbi an, aver ehr Auto.

De Krebse mit lütsche Penisse hebbt leider blots Tiet för'n Ouickie, wenn se vör een körten Spaaß nich Huus un Hof verleern wüllt. In een Artikel in de „Zeit“ hett mol eene

Autorin schreven: „Tominst bi Krebse gellt: „Een langen Penis hölpt Privategendoom to sekern“. Ok wenn de eene oder annere dat denken deit, bi Menschen hölpt dat aver nich...

De Zwarg starvt ut!

As Popp hebb ik naturgemäß een grootet Hart för Wesen un Figuren de anners sünd as man dat so von Minschen kennt. Nich dat Minschen nich ok manchmol Wesen sünd, de nich von düsse Welt to ween schient, aver dat schall hier nich dat Thema ween. Ik will ok nich lang rümschnacken: De Gordenzwarg starvt ut! De Anhängers von de Internationale Vereenigung to'n Schutz von Gordenzwarge schlagt al siet lange Tiet Alarm. Nanologen heet de, wiel Zwarg up Latein „Nanus“ heet. Jümmers weniger Gordenzwarge ward upstellt. Un dat is för joe Gorden een echtet Drama, wenn na de Bienen nu ok noch de Zwarge wech sünd, wiel Zwarge ehre, von den

Urknall kregene „Ur-Fründlichkeit“, denn nich mehr up joe Gorden verdeelen künnt. Na den Nanologenverband kann'nen de Energie, de Zwarge in ehr direktet Ümfeld verströmen doot, sogar meeten. Dorüm hebbt Horn-Veilchen mit Zwarg ok betere Luun, as Horn-Veilchen ohn. Dat geiht sogar so wiet, dat Zwarge ehre Ur-Fründlichkeit sogar noch in'n Internet up den Bedrachter överdregen künnt, ohn dat de dat markt! Wichtig is, blots fründliche Zwarge sünd echte Zwarge. Aver nich all, de fründlich kieken doot sünd ok würklich fründlich. Dat gifft ok bi Gordenzwarge schwatte Schoop. Wenn de nämlich ut Plastik sünd, sünd de jo eegentlich giftig un künnt gor nich fründlich ween. Fründlich sünd Zwarge, emanzipiert nich so dull. So heet de Froons bi de Zwarge ok Zwarge un nich Zwarginnen, drafft aver annere Kappen up hebben as rode, wat Zwargen-Keerls nich drafft, wiel se anners nich mehr to de Familie to hört. Wat dat allens gifft!

De Beerschnegel is wöller dor!

Hebbt ji't al hört? He is wöller dor! 80 Johr is he weg ween, nu is he wöller trüch. Ik hebb dat ok meist nich glöven kunnt. Aver nu knallt de Sektproppen. De Beerschnegel is wöller in Hamborg. Wat'n Glück! Also, för de Forscher. Wiel de glööv ik, de Eenzigen sünd, de sik doröver freien doot. Un twoors de Snickenforscher an dat Zentrum för Naturkunde – von Kennern ok CeNAK nöömt. De künnt sik gor nich wöller inkriegen, wiel endlich een wiedere Nacktsnick dor is, de us den Goorn leddig freten deit. Un wo hebbt se de funnen? Up de Reeperbahn! Wo passend för so'n Nacktsnick. 2015 schall dat al ween hebben, dat sik dor so'n eenzelnen Beerschnegel een schönen Avend up use sündige Miel moken wull. He harr wohrschienlich de Nees vull von all de Provinz-Snicken ut de smucken Goorns ut Blankeneese un Volksdörp. Un den hett he sik vör Johrn up den Weg mookt un is 2015 in St. Pauli ankomen. Aver dor hett he de Reknung ohn de Forscher mookt. De is nich mol bit na de Herbergstraat komen, de von CeNAK hebbt em sogar dor funnen, up de Reeperbahn. Up den Hoff von een Hostel. Keen Ahnung wat de Forscher dor woll in dat billige Hotel, schall mi ok nix angahn. Aver kann de denn nich mol bi so wat Snicken, Snicken sien laten? Dat mutt ok ne teemlich klamme Bude ween, düt Hostel. Denn de Beerschnegel mach dat geern richtig natt hebben. Un nu hebbt se in't Univeerdel woll noch eene funnen. Dütmol woll eher so'n Schlaumeier. De Beerschnegel hett övrigens ne teemlich grote, lappige Twitterdrüüs in sien Genitalbereich, mach natte Keller, is eher so'n Nachttyp un kummt meist nich vör Klock tein inne Puschen. Worüm ik jo dat vertell? Wiel dat so eklig is up so'n Snick rup to petten, wull ik jo egentlich blots seggen, dat ji, wenn ji kört vörn to Bett gahn noch ne Buddel Beer ut'n Keller holen wüllt, lever Latschen antrecken schüllt. Nix för ungoot.

Wat Fööt vertellen doot

Noch een Studie? Nu hebb ik jüst een över Fööt sehn. Also doröver, wat diene Mauken över di un diene Fähigkeiten utseggen doot. Ok över dien Leevsleven! Dat hett een britische Footexpertin rutfunnen. So as se seggt, sünd Keerls mit lange groote Unkels kreativ un wenn de Unkel eher lütsch is, sünd se charmant. Föhrungskräfte hebbt lange tweete Töhn un Romantiker körte. Keerls mit lütsche mittlere Töhn sünd fuul un liegt in't Bett geern ünnen. Also nich in't Etagenbett sünnern innen Tosammenhang mit eene Fro, wenn ji verstaht wat ik meen... Is de groote Töhn bi Froons lang, denn möögt se dat lustvull. Lütsche veerte Töhn düüd dor up hen, dat Keerls Familie un Beziehung nich so wichtig sünd un wenn de, also nich de Keerl sünnern der veerte Töhn, bi Froons Richtung Unkel, also nich von denn Keerl sünnern von se ehrn Foot wiesen deit, is se besitzergreifend. Wenn he mit denn lütschen Töhn wackeln kann, is he een slimmen Finger un wenn de von ehr grade is, hett se dor ok Lust to. Sünst is Sex bi ehr

blots Nevensaak. Verrückt, oder? Wo hett de dat test? Hett de sik weekenlang Pornos ankeken un de, de dor togange ween sünd up'pe Fööt keken? Aver in düsse Filme behoolt de Deerns ehr Schoh doch meist an, wiel se schienbar gor nich dor mit rekent hebbt, dat se noch in'n Bett landen doot un de Keerl wohrschienlich glieks weg mutt.
Also, wenn dat stimmen deit, wat düsse Footexpertin dor rutfunnen hett, denn dröffen bi dat erste Date egentlich nich Eten gahn, sünnern müß sik bi een gemeensame Footplege drepen.

Sik rüken künnen

Ik as Popp hebb miene Nees jo blots för de Optik, aver för jo is dat jo een richtiget Organ. Aver een't, wat veel to wenig nutzt ward. Rund tweedrüttel von de 1000 Rüük-Geene de de Minsch mol harr, hett de Evolution al up dat Geweten. Veele Röök künnt ji gor nich mehr toordnen, wiel ji dor gor nich mehr bewusst up achten doot. Schaad egentlich, wiel dat hölpen kunn, den richtigen Partner to finnen. Bi Tinder un Co rüükt de Keerls un Froons na nix, dorüm bruuk 'n dor ok faken eenige Versöke, üm den Richtigen oder de Richtige to finnen. Aver ji weet doch, man mutt sien Partner rüken künnen, anners ward dat up Duur nix mit em bit to de Sülverhochtiet. Angeevlich gifft dat 700 Rezeptoren to'n Rüken inne Nees, aver jeder von jo hett dorvon blots etwa 350. Un jeder annere 350! De mööt tosamenpassen, anners passt dat nich. Verarbeit ward dat wat man rüken deit, von dat limbische System, dat is de Schaltzentrale för dat Geföhl in jo´n Körper. Un dat weet angeevlich wat tosamen passen deit un wat nich. Wenn du dien Partner goot rüken kannst, is de Wohrschienlichkeit mit em gesunde Kinner to tügen an gröttsten un du kriggst di ok nich so faken inne Wull. Dorüm schüllt Poore, de sik kennenleert hebbt, as de Fro de Pill nahmen hett, wenn se tosamen blieven wüllt, de Pill ok nich afsetten, wiel dat den Körpergeruchscoctail verännert un dat een oder anner Poor sik dorna nich mehr rüken kann. Pillenpoore hebbt erwiesenermaten eene högere Scheidungsrate as Poore ohn Pill. Vör allen fröher, as de Pill noch höger dosiert weer. Also leeve Keerls, wenn joe Froons inne Wesseljohre sünd, kann dat ween, dat dat Parföng, wat ji ehr de letzten 20 Mol to Wiehnachten köfft hebbt, up eenmal nich mehr funktioneert. Aver egentlich mööt ji dat denn jo sülms marken...

Neemodschen Kraams

„Flanking"
oder ok: Wer schön sien will mutt freren

Hebbt ji noch Socken in'n Schapp oder ok al Söckchen? Also, Sneacker-Söckchen. De, de ünner de Knövels uphört. Mien Achtermann hett blots noch so wecke. Un treckt de ok in Winter an. To Huus hett he twee Poor Socken övereenanner an, in Bett dorto noch ne Warmflasch anne Fööt, aver wenn he rutgeiht, loopt de Fesseln blau an un he hett Iesbeen. Flanking heet düsse nee'e Schönheitstrend, wenn'n de Knövels sehn kann. Dorüm treckt de Lüüd von Daag nich blots de Socken ut, sünner ok noch de Büxen hoch, oder krempelt de üm, dat'n ok sehn kann, dat dor nix över de Knövels is. Woso is dat up eenmal schön, obwohl dor Johrhunderte keen up acht hett? Keen leggt dat fast un wörüm glöövt wi dat ok noch? Ik find dat nich schön, wenn ik sone junge Deern quasi barfoot bi 5 Grad minus anne Bushaltesteed stahn seh un weet, dat de sik glieks to Huus dree Poor Socken över-eenanner antrecken mutt, dormit de sik nich den Doot annen Liev hoolt un morgen ok noch up den Bus töven kann. De Fessel, also de Knövel is dat nee Dekolté, seggt de Mode-makers, wiel man von dor up den Rest von den Körper sluten kann. Jo, aver worüm mutt ik mi den Knövel ankieken, üm to weten wo de Körper utsüht, wo de doch överhalb vonne Knövels to sehn is? Oder is dat vör de, de nich mehr hochkieken künnt? Ob de denn aver noch de erotische Wirkung von Knövels empfangen künnt, much ik betwieveln. De Knöchel is dorüm erogen, seggt de vonne Mode, wiel du dor nich mit Yoga oder Sport bi kannst un de ok nich dör laktosefreet Broot schöner ward. De sünd jümmers so, as de sünd. Un wenn de schön sünd, denn schall man de wiesen. Aver wann is wat schön? Buukfree kann ok schön ween, hangt aver stark von den Buuk af. Ik bün gespannt, wat se as neegstet freeleggen doot. Buuk, Knee un Knövel hebbt se jo al, dor blifft egentlich blots noch een zentrale Steed över. Aver de will ik denn nu würklich nich anne Bushaltesteed sehn...

Büx gegen Cellulite

Dat is nu'n beten indiskret, aver hebbt ji Cellulite? Also, Huut, de utsüht as eene Mandarine, obwohl dien Mors nienich in'n Obstkorf ween is? Afsehn von de Topmodeldeerns bi Heidi Klum, hebbt se dat eegentich all. Dat hangt wohl mit de Erdanziehungskraft tosamen. Also wenn dat Fleesch nich mehr ganz so willig is. De Dellen, de düsse Cellulite mookt, mutt'n nu nich mehr afsugen laten, ne, dor gifft dat nu eene Jeans gegen. Hebb ik hört. Hett sick een ut Brasilien utdacht. Also nich as Sichtschutz, dat kann jo jede annere Büx ok, ne, dör dat Anhebben, schall dat gahn. Angeevlich schall dat so ween, dat bi dat Dregen von de Büx, de Körperwärme in Infrarotstrahlen ümwandelt ward un düsse an den Stoff von de Büx de Information wieder geven doot, dat sik dat bi de Drägerin von de Büx nich üm ne Orange sünnern üm ne Fro handelt. Dat is doch de Wahnsinn, oder? De Büx stimuliert de Blootcirkulation un mookt so de Huut wöller glatt as'n Baby-Moors. Dorför musst du de Büx aver 30 Daag tominnst söß Stünnen an´n Dag anhebben, wat vör Keerls nix besünneres is, vör Froons aver wohl ne Överwindung. Ik weet nich, ob dat würklich geiht. Aver ne schöne Utreed för ne to enge Jeans is dat doch allemal. Bi de Gelegenheit, dor gifft dat'n schönen Witz. De geiht so: Keerls, wenn joe Fro jo anschriegen deit, "Weest du wat mi överhaupt nich passt?", denn draffst du up keen Fall seggen „Grötte 36..." Denn hest du glööv ik bannig Arger an'n Hals! Nix för Ungoot, joe Momsen.

GPS Jeans

Ik find, nu is langsam ok mol Schluss! Wi hebbt Smartphones, Alexa un Co, smarte Autos, un sogar smarte Gefreerbüdel, aver mutt nu ok noch miene Büx slauer ween as ik? In Frankriek, hebbt se ne smarte Jeans up'n Markt bröcht, de jümmers weet, wo't lang geiht. Also nich üm to weten, wann de to wat passt un wann man de antrecken kann, ne, as Navi! Dat hebbt se sik utdacht, dormit ji beter up den Verkehr achten künnt, un nich dat Handy rutholen mööt, wenn ji afbögen wüllt. Bi düsse GPS-Jeans verbind sik Handy un Büx över Bloototh un wenn du rechts rüm musst, schlackert dien rechtet Been un wenn't links rüm geiht, dat Linke. Wat schlackert, wenn dat liekut geiht, mach ik mi gor nich vörstellen. Dat mööt doch Stromstöße ween...

Du kannst dormit sogar Narichten verschicken! An annere mit so'ne Büx. „Pling" nennt sik düsse Funktion. Musst natürlich wöller een App för hebben, üm to weten, keen in diene Neegde ok son Ding anhett. Denn blinkt dat up dien Handy un du weest: „Ah, dor kummt eene!" Aver wat för eene? Dat kann'n denn woll anhand von de Grötte sehn, ob de up di tokamende Büx weiblich oder männlich is. So kannst du to'n Bispill annere Büxendräger oder Drägerinnen mit fernge-

stüerte Vibrationen von ehrn Weg afbringen un in diene Arme lotsen. Wenn du dat to faken mookst, sünd aver ruckzuck de Batterien leddig un du finds nich mehr na Huus.
Worüm fraagt man denn nich eenfach een up'pe Straten, wo't lengs geiht? Geern ok een, den man lieden mach. Man mutt dat Leven echt nich noch komplezeerter moken as dat al is!

Lippgloss

Ik mach dat jo gor nich seggen, aver ik bün güstern uppe Reeperbahn ween. Mien Speler harr wat in'n Schmidt-Theater to regeln. Un dor hebb ik em besnackt mit mi in so'n Sex-Shop rintogahn. Junge, junge, dat weer up-regend. Tomal mien Speler dat ok woll nich so faken mookt hett. Un denn stünnen wi dor mit dree annern Keerls un hebbt up den richtigen Momang töövt, üm in den Laden rintogahn. Dat schall doch keen sehn, wenn man dor ringeiht. Wat'n Quatsch, dat is doch de

Reeperbahn! Aver wenn de Kopp dat ok weet, de Scham meld sik liekers. Dorüm scheneert sik de meisten ok un kööpt angeevlich nich för sik sülms, sünnern för een Naver in, de dat ut medizinische Grünnen bruukt. Is klor! Du, un wenn de Verköper fraagt, „Wat schallt denn ween?“, denn mööt se erst mol ehrn Schrittmaker ne Stufe rünner stellen un sünd froh, dat se morgens noch een Marcumar mehr nahmen hebbt. Aver meist övernimmt de „Vörgesette“ denn dat Denken, also dat Körperdeel wat buten vörhangt, wenn ji weet wat ik meen..., un denn steihst du dor binnen in dat ganze schmutzig Tüüg! Boh!! Bi de meisten Saken weetst du as Keerl gor nich mehr, wo du dien Rüssel dor rinstecken schasst! Leider is dat meiste teemlich düür, dorüm kummt na de erste Erregung ok meist gau de wirtschaftliche Ernüchterung. Wat dat aver ok allens dor gifft! In usen Laden harrn se Lippgloss för de Fro, dor kann'en angeevlich de „Beiratschaft zum Beischlaf“ an aflesen. Kann dat angahn? Wi schall dat funktioneern? Mutt ik denn mit so'n Farvtonkorten rümlopen üm to kieken, wo an wecke Lippen, wat geiht?

Aver wenn dat würklich geiht, denn weer dat doch ne Revolution. Ok för to Huus. Dor mutt keen mehr Migräne vörgeven, dat kannst du glieks prüfen. Avends steiht dat Ding up'n Disch, Muddi leggt up, un ne Veertelstünnen later weest du, Tatort kieken oder upnehmen. Dat is doch'n Segen...

Waldbaden

Gaht ji egentlich af un an in't Holt? To'n Pilzesammeln, Spazeerngahn, Wannern oder neerdings ok Baden? Also nich mit een Wann to'n mitnehmen, nee, so direkt innen Holt. „Waldbaden", is so'n aktuellen Trend, wenn man sik, un wo dat inne Welt up ankomen deit, söken will. Dat kummt ut Japan. Dat Water sünd de Bööm un anstatt to swimmen geiht man. Na Yoga, Uprümen, mit Engels schnacken un Feng Shui is dat nu dat Neegste, wat man moken schall, wenn man wat ut sien Leven moken will.

Wichtig is, dorbi nich to wannern, sünnern

sutsche Schritt vör Schritt setten, dormit man kieken kann, wat de Wald allens to beden hett.
Anners is dat keen Waldbaden, sünnern all wöller Streß. An besten is, wenn man erst mol nich alleen probeert dor baden to gahn, sünnern sik een Bademeister booken deit, de weet, wecke Bööm man umarmen schall un wecke Blöder, wenn man an se rüken deit, Ernergie afgeven künnt. Profis künnt denn ok alleen los, sik twee Stünnen neven een Borkenkäfer setten un sik den siene Probleme anhörn. Un keen dat nich kann, de Schönheit von usen Wald sehn, de mutt erst mol Yoga moken, üm för de Eenzigoordigkeit von use Welt togänglich to ween. Verstaht mi nich falsch, dat is wunnerbor, wenn du di freien kannst, wenn du mit een Eek up du un du bist, aver worüm mutt dor denn jümmers son Bohei um mookt warrn?
Jichenswann kummt noch de Dag, dor verbruukt ji so veel Tiet mit Achtsamkeit up dat Leven, dat keen Tiet to'n Leven mehr blifft.
So, ik hör nu up to sabbeln un meditier noch'n beten. Ohmmm...

Halloween un de Körbs

Mennigmol sliekt sik in us Leven Saken in, de man to erst gar nich markt, aver de denn to nerven anfangt. So geiht mi dat mit de Körbsen. Dat is jo ne ole Frucht mit Tradition. De hett man fröher up'n Meßhupen trocken, in'n Harvst rinhoolt, Broot oder Zoppen dor ut mookt un denn den Rest wöller up'n Meß schmeten. Jo, de weern doch meist so groot, dat Muttern de alleen nich dregen kunn un de Familie keene Lust harr wekenlang Körbs to eten. De Kinner meist al gor nich, wiel an son Körbs jo ok nich de meiste Geschmack an is.

Von Daag is dat anners. Dor liggt de gode ole dütsche Körbs jümmers noch up'n Meß, vörn anne Straten aver de runnen Exportkugeln ut Amerika, oder wo der herkoomt. De sünd'n beten söter, veel mehr Geschmack is dor aver jümmers noch nich an. Aver dat is bi de schients egal. In'n Harvst övernimmt de orangefarbende Ball nu jedet Mol för 2 bit 3 Moond de Weltherrschaft. Hokkaido, Baby Boo, Hubbard un wo de all heten doot. Wenn du över Land föhrst, sühst du blots noch orange, wiel jede twete Hoff von den Trent wat afhebben will. Wenn de dat all verkööpt, wat de dor upboot hebbt, un wi dat würklich eten dään, lied wi all an Mangelernährung. Keen Spieskoort kummt mehr ohn Körbs ut. Sülms in Chips un Coctails mookt se den al rin. Fröher weer Körbs Schwienfoder, nu is dat Lifestyle!

Un nich blots, dat de överall rümliggt, nee, de glotzt di mit ehrn Fratzengesicht ok noch ständig an, wegen Halloween. Ok een Saak, de ganz harmlos komen is un sik denn ganz allmählich breet mookt hett. 31.10, dat is jo egentlich us Reformationsdag un nich Halloween. Dor hett Luther in Witten siene Thesen anne Döör nagelt. För een betere Welt un nich för mehr Körbsen. Un ok nich för Horden von slecht anmalte Gören, de an 31. dör de Straten loopt un meist nix anneres künnt as „Trick or Treat, giff me something sweet to eat“ seggen. Tomol veele ok gor nix Sötet hebben wüllt, sünnner an besten een ne’t Speel för ehrn Nintendo. Villicht künnt ji joe Kinner jo noch mol verklaren, dat wi in düt Johr an 31.10. nich free hebbt, wiel Halloween is, nee, wiel dat een Fierdag is, wegen de Thesen. Villicht gaht se denn mol inne Karken, anstatt bi mi to pingeln.

Detoxen

Ok, is keen schönet Thema, aver ik will von Daag mol mit jo över Verdauung schnacken. Ik denk, wenn dusende Minschen een Book över denn Darm to Wiehnachten verschenkt, künnt wi in'nen Radio ok doröver nadenken, woveel Charme de hett, also de Darm. För mi as Popp is dat natürlich een Sünnerfall, wiel ik al mit Eten Maleschen hebb un wi över Verdauen gor nich schnacken mööt.
Aver ji mööt doch, regelmäßig, von'nen ersten Dag an. De meisten mookt dat eenfach un weet gor nich ob dat so richtig is, wo se dat mookt. Manche quält sik ok dorbi. Ji all kennt wohrschienlich den eenen oder annern Blähboy, de den Reiz von sien Darm noch sö-ken deit un sik fraagt, ob de Düfte, de sien Körper afgifft noch in Inklang mit de Natur

stoht. Mien Speler mookt jetzt Detox-Kuren, wiel een Kumpel em seggt hett, he möss sien Körper af un an resetten, also up null stellen. He schall entschlacken un dat Gift rutholen. Mit eene Darmspülung vör 60 Euro un 5 Daag Fruchtkur mit püriertem Gemüse för 300. Dat kost also een Vermögen, aver schmeckt noch nich mol. Dat machst du nich drinken! De Säfte mookt se extra so bitter, dormit dat schmeckt as Medizin un de Lüüd denkt, denn mutt dat jo goot ween. Je na Diät schallst du een bit dree Weken völlig up feste Nahrung verzichten un bruukst denn weniger Slaap, hest betere Luun un kannst di bi'n Krüzwort-radel beter besinnen. Wohrschienlich kannst na de twete Anwendung ok noch diene Ehe retten. Dat Klima allerdings nich, denn de Afgasbelastung nimmt jo to bi dat Entgiften. Wat sünd dat för Gifte, de giftig ween schüllt, aver dien Körper nich vergiften doot? Wenn de dat weern, weern doch all, de bither noch nich detoxt hebbt, al doot. Mookt dat Ent-giften nich eegentlich al Lebber un Nieren? Ik geev jo'n Tipp: Mookt doch düsse Daag mol ne schöne Kohlfohrt. Dor hebbt ji Bewegung,

Detox dör den Kohl, Desinfizierung dör den Kööm un wenn de Darm reizend to di is, west du genau wo dat herkummt...

Enthoorung

Hebbt ji noch Hoor? Also ik meen nu nich blots up'n Kopp, nee ok sünst, also an annere Steden. Junge Deerns hebbt jo meist blots noch wecke up'n Kopp, denn Rest mookt se wech. Je nadem wo, mit Wachsstriepen oder mit een Rasierapparat. So'n Extrading blots för Froons. Keerls hebbt sik dat jo Johrelang ganz entspannt ankeken, wo dat so bi de Froons ünner de Axeln losgahn is un denn över de Been in'ne Körpermidde wannert is. Aver nu sünd se sülms anne Reeg un nehmt den Rasierer ok nich mehr blots vör´t Kinn. Mööt ji mol inne Sauna up achten. Junge Keerls seht ut, as sünd de nie inne Pubertät ween. Mien Speler is jo keen jungen Keerl mehr, fangt nu aver ok an, noch mol so as een ut to sehn. Tominnst hoormäßig. Dat is jo dat eenzige wo he noch wat an moken kann. De Menge von de männlichen Hoor blifft jo glieks, de wasst blots eernswann an annere Steden as up'n Kopp. Dat grote Problem von Keerls is, wo fangt'n an un wo hörst du up? Dat gifft jo uterhalb von Kopp un Hals meist keen Eck an so'n mannshaftigen Körper wo keene Hoor sünd. Wecke mookst du af un wecke letts du stahn? Wo wiet schall man dor gahn? Un du kümmst doch ok gor nich överall an. Mit över Föfftig al gor nich. Hoor sünd jo nich blots vörn, ne up eenige sitts du sogar! Schall he dor siene Fro fragen, ob se em dor mol'n beten hölpen kann? Dat mach'n doch nich. Un bi´n Friseur in'ne Achterstuuv mookt se dat glööv ik ok noch nich. Wo mookt ji dat? Schnackt ji dor mit joe Frünnen över? Dat Leven ward nich lichter, wenn de Ansprüche stiegen doot. Bi de Gelegenheit: Rasierwater, dä ik nich överall nehmen...

Der Spieler und Hintermann, von dem Werner in diesem Buch so viel erzählt ist übrigens Detlef Wutschik. Der wurde 1966 an einem sonnigen Tag in einer kleinen Stadt nahe Bremen geboren. Der Aussage seiner Hebamme „Mit dem werden Sie noch einiges Erleben" hat er sich stets berufen gefühlt und somit von Beginn an für Unterhaltung in seinem Umfeld gesucht. Seine Leidenschaft für die Bühne entdeckte er 1976 als Eichhörnchen im Schulmärchen. Seitdem hat er jedes Brett der Welt genutzt, um auf ihm zu spielen. Vom Schul- und Boulevardtheater ging es für ihn über die Umwege Handwerksausbildung im elterlichen Betrieb, Studium und Berufsschullehramt für Farbtechnik und Raumgestaltung zum professionellen Puppentheater.
Er spielte unter anderem bei Ralf Königs Puppenshow „Kondom des Grauens", am Düsseldorfer Marionettentheater, bei der Sesamstraße, Käpt'n Blaubär und dem Kabarett Männergestalten.
Er liebt ausgefallene Rollen und Typen und hat viele davon für Bühne, Walk-Acts und spezielle Situationen entwickelt. Seine bekannteste Figur ist das Hamburger Klappmaul, Werner Momsen, mit der er seit vielen Jahren die Bühnen dieser Welt bereist.

Foto:
Norbert Hartwiger